Einen Tennisplatz bauen

George E. Walsh

Writat

Diese Ausgabe erschien im Jahr 2023

ISBN: 9789359256566

Herausgegeben von
Writat
E-Mail: info@writat.com

Inhalt

EINFÜHRUNG

OBWOHL das Rasentennisspiel, wie es heute gespielt wird, erst etwa 40 bis 45 Jahre alt ist, handelt es sich in Wirklichkeit um eines der ältesten aller existierenden Ballspiele. Der Ursprung des Spiels liegt weitgehend im Dunkeln, aber es gibt unzählige historische Assoziationen, die es von besonderem Interesse machen.

Tennis wurde in den Artusromanen erwähnt und wurde im Mittelalter in Europa recht häufig gespielt. Es wurde auf offenen Plätzen in den Parks oder Gräben der Feudalschlösser Frankreichs und Italiens gespielt. In Italien hieß es *„giuoco della palla"*; in Deutschland *Ballspiel*; in Frankreich *jeu de paume*; und in Spanien: *jugar al able*.

Die Franzosen haben es von den Italienern übernommen und das moderne Wort „Tennis" wurde vom französischen Ausruf *„Tenez!" abgeleitet.* das beim Aufschlagen des Balls eingesetzt wurde. Es war ein Spiel zwischen Königen und Adligen. Ursprünglich wurde ein Korkball verwendet, der mit der Handfläche geschlagen wurde. Anstelle eines Netzes wurde eine Erdbank verwendet. Das erste Auftauchen des Schlägers ist ungewiss, aber zur Zeit Heinrichs VII. begegnete die Hand manchmal dem Schläger auf den königlichen Höfen von Windsor.

Major Walter C. Wingfield von der britischen Armee hat den Tennissport praktisch modernisiert und populär gemacht. Er ließ sein Spiel 1874 patentieren. Es wurde auf einem 60 × 30 Fuß großen Feld gespielt, das einer Sanduhr sehr ähnlich war. Bei diesem frühen Tennisspiel war das Netz an den Enden 7 Fuß hoch, sank aber zur Mitte hin allmählich auf eine Höhe von 4 Fuß 8 Zoll ab.

Der Marylebone Cricket Club, of Lord's, formulierte 1875 die ersten offiziellen Gesetze und Regeln zur Regelung des Spiels, und der offizielle Name „Rasentennis" wurde dann erstmals übernommen. Dieser Verein legte die offizielle Länge des Spielfelds auf 78 Fuß fest. Die Spielfeldbreite betrug an den Grundlinien 30 Fuß und an den Netzen 24 Fuß, was zeigte, dass die Sanduhrformation immer noch eingehalten wurde. Das Netz selbst war in der Mitte 4 Fuß hoch und an den Pfosten 5 Fuß hoch.

Von dieser Zeit an bis heute wurden schrittweise Änderungen vorgenommen, sowohl in den Regeln als auch in der Bildung der Gerichte. Das Netz wurde nach und nach abgesenkt und über seine gesamte Länge vereinheitlicht, und die alte Sanduhrformation wurde aufgegeben.

Rasentennis wurde in diesem Land im selben Jahr eingeführt, in dem es in England auf den Markt kam, 1874. Der erste Platz wurde in Nahant, in der

Nähe von Boston, auf einem privaten Gelände angelegt, und weitere entstanden bald in Newport, Staten Island und in der Nähe von Philadelphia. Das Spiel erfreute sich schnell wachsender Beliebtheit, bis es von Zehntausenden jungen und alten Menschen als eine der faszinierendsten Outdoor-Freizeitaktivitäten verfolgt wurde.

Heute ist es eines unserer beliebtesten Outdoor-Spiele für beide Geschlechter und hat trotz der Einführung anderer Spiele und der Begeisterung für Neuheiten viele Jahre lang seinen Einfluss auf die Öffentlichkeit behalten. Tennis bietet genau das Maß an aufregender Bewegung an der frischen Luft, das man zu brauchen scheint, und es gibt Hunderttausende Anhänger des Spiels, die es die ganze Saison über regelmäßig spielen.

Aber die Möglichkeiten, den Tennisplatz zu einer großartigen sozialen Ergänzung des ländlichen Ortes zu machen, werden von denjenigen, die das Spiel verfolgen, nicht immer voll und ganz geschätzt. In erster Linie sind die Höfe für den praktischen Gebrauch angelegt, dies sollte jedoch ihre künstlerische Entwicklung nicht beeinträchtigen, um sie zu attraktiven Bestandteilen des Gartens zu machen. Wenn genügend Grundstück für einen Tennisplatz vorhanden ist, sollte dieser mit der Idee genutzt werden, ihn an warmen Tagen zu einem angenehmen Ort für ruhige Ruhe und Erholung zu machen.

STANDORT

DER Platz für den Tennisplatz sollte eine völlig freie Fläche von mindestens 60 mal 120 Fuß haben und so günstig in der Nähe des Hauses liegen, wie es die Topographie und die Landschaftsarchitektur zulassen. Das Spiel lässt sich am besten im Sommer in Halbnégligée-Kleidung spielen , und wenn sich die Spielfelder in angemessener Entfernung vom Haus befinden, sind keine Schließfächer und Umkleidekabinen erforderlich. Wenn möglich, sollte zwischen Hof und Haus eine breite Terrasse liegen, oder, wenn sie durch einen breiten Weg mit dem Garten verbunden werden kann, umso besser. Liegt der Landsitz auf der Spitze oder am Hang eines Hügels, kann es mangels ausreichender ebener Fläche erforderlich sein, den Platz in einiger Entfernung zu errichten. Die architektonischen Merkmale des Hauses und des Geländes sollten bei der Gestaltung von Tennisplätzen in jedem Fall sorgfältig berücksichtigt werden, und wenn die letzteren mit den ersteren harmonieren, ist das Ergebnis für das Auge sehr angenehm.

Der Platz sollte an einem Ort errichtet werden, an dem es immer viel Sonnenlicht gibt, es sollte jedoch niemals einen sehr hellen Hintergrund geben. Ein helles Stuckhaus zum Beispiel oder eine italienische Terrasse aus Marmor würden den schlechtesten Hintergrund für einen Hof abgeben, wenn sie sich in unmittelbarer Nähe befinden. Ein heller Hintergrund verwirrt die Spieler und macht es den Augen oft unmöglich, dem Ball zu folgen.

Es ist ein Fehler, die Enden der Spielfelder mit einem Laubhintergrund zu versehen, wenn dies vermieden werden kann. Ein klarer Himmel als Hintergrund sorgt dafür, dass die Kugeln besser zu erkennen sind

Der Platz des Spielfeldes sollte soweit wie möglich eben sein und über eine natürliche Entwässerung verfügen. Wenn diese Bedingungen jedoch nicht gegeben sind, können sie durch sorgfältige Planierung und künstliche Entwässerung erreicht werden. Sie erhöhen die Kosten für den Bau des Spielfelds erheblich, und es kann daher sein, dass ein ansonsten idealer Standort zugunsten eines anderen, ebeneren und besser entwässerten Standorts aufgegeben werden muss. Ein Platz sollte niemals in einer Mulde liegen, wo das umliegende Land aus allen Richtungen zu ihm hin abfällt. Keine künstliche Entwässerung könnte eine solche Stelle trocken halten. Eine Reihe von Rasenterrassen, die zum Spielfeld hinabführen, müssen dessen Bau nicht beeinträchtigen, wenn das Gelände in andere Richtungen vom Spielfeld weg abfällt. Am unteren Ende der letzten Terrasse kann ein Blindgraben oder Abfluss angelegt werden, damit überschüssiges Wasser vom Hof abgeführt wird.

Der Standort sollte unter sonst gleichen Bedingungen auch entsprechend der Beschaffenheit des Bodens ausgewählt werden. Ein felsiges Fundament bedeutet einen erheblichen Kostenaufwand für die Sprengung und den Materialtransport für das Fundament. Ein sehr dicker Lehmboden, der das Wasser lange hält, ist für den Platz ebenfalls ungeeignet, und die Baukosten erhöhen sich, wenn dieser Boden abtransportiert und durch einen poröseren Bodenbelag ersetzt wird. Ein natürlicher, ziemlich sandiger Boden, der gut entwässert ist, ist ideal für den Platz, und wenn dieser vorhanden ist, sind die Baukosten vergleichsweise gering.

Doch in der Regel muss der Standort ohne Rücksicht auf die natürlichen Bodenverhältnisse ausgewählt werden. Wenn der Standort auch in anderen Punkten zufriedenstellend ist , ist es am Ende wahrscheinlich wirtschaftlicher, ihn auszuwählen und sich später um die Entwässerungsfrage zu kümmern. Kein Gericht wird jemals viel bewirken, wenn es nicht gut entwässert und gut gebaut ist , und das sind Punkte, die später im Detail betrachtet werden. Die wichtigsten Überlegungen bei der Auswahl eines Standorts für einen Platz sind daher Platz, Licht und Entwässerung.

Eine Tatsache, die von Amateuren beim Anlegen von Tennisplätzen nicht immer geschätzt wird, ist, dass durch die Ausrichtung der Plätze nach Norden und Süden der Nachteil vermieden wird, dass beim Spielen die Sonne in die Augen scheint. Bei der Ausrichtung nach Osten und Westen muss immer ein Spieler der Sonne zugewandt sein, was natürlich ein Handicap darstellt. Wenn der Platz nach Norden und Süden ausgerichtet ist, stört die Sonne weder morgens noch nachmittags.

Der Tennisplatz sollte nicht allseitig von Bäumen umschlossen sein. Das ist ein Fehler, der häufig gemacht wird. Die Bäume sollten nur auf der Westseite der Höfe gepflanzt werden, nicht jedoch auf der Nord- und Südseite. Das

Laub der Bäume erschwert den Spielern die Sicht auf den Ball, insbesondere gegen Nacht. Vor einem Hintergrund aus blauem Himmel sticht der Ball deutlicher hervor als vor einem Hintergrund aus grünem Blattwerk. Die Bäume im Westen spenden Schatten, ohne dabei die Spieler zu behindern.

Wenn sich die Bäume zu dicht an den Platz drängen, wird die Oberfläche feucht, und bei nassem Wetter kann es sein, dass das Spielen tagelang unmöglich ist. Wenn der Platz auf der Ostseite frei von Schatten ist, trocknet die Morgensonne nach einem Regenfall die Oberfläche aus, so dass am Nachmittag wieder gespielt werden kann.

All diese Punkte bei der Gestaltung eines Tennisplatzes mögen für jeden einfach und klar erscheinen, wenn man sie bedenkt, aber ihre Nichtbeachtung verursacht oft unendlich viel Ärger. Beispielsweise waren die Plätze eines der besten Tennisclubs des Landes nach Osten und Westen verlaufend angelegt, und die Schwierigkeit, mit der Sonne in den Augen zu spielen, verursachte so viel Ärger, dass die Plätze neu gebaut werden mussten. Es gab außer einem Versehen keinen Grund, warum sie überhaupt falsch angeordnet waren.

Ein anderer Verein, dessen Rasenplätze einige Meter hinter den Spielplätzen auf der Ostseite mit dichtem Baumbewuchs angelegt waren, kam schließlich zu dem Schluss, dass er entweder die Spielplätze neu anordnen oder einige Bäume fällen musste. Der morgendliche Schatten der Bäume verhinderte, dass die Plätze so schnell austrockneten, dass die Spieler sich ekelten. Nach einem Regensturm würden schöne Morgen anbrechen, und die Spieler würden sich auf schöne Tennisnachmittage freuen; aber die Plätze waren bis sehr spät am Tag zu nass.

Wie bei allem anderen gibt es auch bei der Anlage von Plätzen eine richtige und eine falsche Art, und wenn man sie als dauerhafte Einrichtung des Geländes anlegt, bringt ein wenig Sorgfalt und Aufmerksamkeit bei diesen Details hundertprozentige Vorteile. Wertsteigerung und Steigerung des Komforts für Spieler und Zuschauer.

ARTEN VON GERICHTEN

TENNIS kann auf fast jedem glatten, ebenen Untergrund gespielt werden, sei es drinnen oder draußen, und die Frage, wie man den begehrtesten Untergrund für die Plätze am besten sichert, hat in der Fachwelt große Aufmerksamkeit erregt. Während ein Rasen als idealer Ort zum Spielen auf Heimplätzen gilt, haben sich Tennisvereine und -verbände allgemeiner für den Sand- oder Sandplatz entschieden. Ein Grund dafür ist, dass die Oberfläche nicht so leicht von den Füßen der Spieler verkratzt wird und dass es einfacher ist, sie in einwandfreiem Zustand zu halten, wenn sie fast die ganze Saison über kontinuierlich genutzt wird.

Die Bedingungen variieren jedoch in jedem Land und in Teilen unseres eigenen Landes, und ideale Rasen- und Sandplätze sind nicht immer so einfach zu bauen, wo sie benötigt werden. Folglich gibt es viele Versuche, Höfe aus anderen Materialien zu bauen. In Australien beispielsweise werden seit Jahren Spielplätze aus rissigem Blaustein gebaut . Die große Fülle dieses Materials in diesem Land ist für seine allgemeine Verwendung verantwortlich. Das Fundament des Gerichts besteht aus Blaustein von beträchtlicher Größe, und die Oberfläche wurde mit sehr feinkörnigem Blaustein veredelt. Ein solcher Platz ist hart und langlebig, hat aber den Nachteil, dass er hart für die Füße und Bälle ist. Tatsächlich weigern sich viele Tennisexperten, an Turnieren teilzunehmen, die auf Plätzen aus solchem Material stattfinden.

In England wurden viele Tennisplätze aus Ziegelschutt gebaut, was tatsächlich ein billigerer Ersatz für das australische Material Blaustein ist. Ein aus diesem Material hergestelltes englisches Spielfeld hat den weiteren Nachteil, dass es sehr schmutzig ist und von den Spielern sehr abgelehnt wird. Cinder ist ein weiteres Material, das sowohl in England als auch hierzulande für Tennisplätze verwendet wurde, sich jedoch nie großer Beliebtheit erfreute. Der Untergrund ist so kiesig, dass die Füße der Spieler nach ein paar Sätzen schmerzen.

Entlang der Küste von Jersey ist Tennis beliebt, aber die Bedingungen sind für den Bau eines Rasen- oder Sandplatzes ungünstig. Der Boden besteht hauptsächlich aus schwerem Schlamm mit einer Oberfläche aus feinem Strandsand oder besteht fast ausschließlich aus Sand. Der Bau von Sandplätzen an solchen Orten erforderte die vollständige Entfernung des Bodens bis zu einer Tiefe von fast zwei Fuß und den Import von Lehm aus einiger Entfernung. Als Top-Dressing wurde der feine Strandsand verwendet. Diese Art von Gericht hat sich selten als zufriedenstellend erwiesen. Der feine Strandsand löste sich unter der Wirkung der Füße der Spieler zu leicht und der Platz zeigte bald Unebenheiten. Um den

Küstensand als Belag zu verwenden, ist es notwendig, ihn mit einem großen Anteil Ton als Bindemittel zu vermischen. Wenn die richtige Mischung erzielt wird, erhält die Oberfläche eine ziemlich haltbare Oberfläche. Normalerweise muss dieses Verhältnis zwei oder drei Teile Ton zu einem Teil Sand betragen. Bei einem größeren Verhältnis als zwei zu eins verschlechtert sich die Entwässerung . Es ist nicht genügend Sand vorhanden, um die Oberfläche porös zu machen, und es sammelt sich Wasser an, wodurch der Platz nach jedem Regenschauer für einige Zeit unbrauchbar wird.

Der Bau eines guten Sandplatzes ist zwar von vornherein teurer, lässt sich aber leichter in erstklassigem Zustand halten

Dennoch wurden einige sehr schöne Höfe mit einem Fundament aus Schlacke und einer Deckschicht mit sieben Zentimeter dickem Meeressand und Lehm hergestellt. Bei der Auswahl des Sandes für diesen Zweck sollte der gröbste an der Meeresküste vorkommende Sand gewählt werden. Feinster Sand vermischt sich mit dem Ton, ohne ihn porös zu machen.

Wir haben auch Tennisplätze aus Beton, Beton und Asphalt, aber nur wenige davon sind wirklich zufriedenstellend. Sie alle haben den Nachteil, dass sie die Füße und die Bälle beanspruchen. Darüber hinaus sind die Beton- und Zementplätze sehr anstrengend für die Augen. Der weiße Glanz der Oberfläche an sonnigen Tagen führt häufig dazu, dass Spieler nach einigen Spielen aufgeben. Asphalt ist nicht so anstrengend für die Augen, aber er ist kein ideales Material für Tennisplätze. Es ist zunächst einmal sehr teuer und wird von Hitze und Kälte zu leicht angegriffen. An heißen Tagen wird es manchmal zu weich und klebt sogar an den Füßen, sodass es für ein professionelles Spielen nicht geeignet ist. Im Winter kann es durch den Frost zu Rissen kommen, was jedoch durch eine ordnungsgemäße Verlegung mit einem Fundament aus Steinen und Asche vermieden werden kann.

Es gibt ein weiteres Material, das für Tennisplätze ausprobiert wurde und dem große Aufmerksamkeit geschenkt wird. Das ist Holz. Hallentennis erfreut sich in der Wintersaison seit langem großer Beliebtheit bei Tennisliebhabern, und Waffenkammern und andere große Gebäude wurden als Unterschlupf genutzt. Die Plätze sind hier natürlich auf Holzböden ausgelegt. Auf diesen lässt sich recht gutes Tennis spielen, da Holz mehr Nachgiebigkeit und Elastizität aufweist als Beton oder Zement und es bei weitem nicht so hart für Füße oder Bälle ist.

Die Beliebtheit von Hallentennis auf Holzböden hat zum Bau von Holzplätzen im Freien für das Spielen im Winter geführt. Ein richtig gebauter Holzplatz kann bei kaltem Wetter genutzt werden. Schlamm und Wasser können den Spielern nichts anhaben. Der Schnee kann entfernt werden und die Plätze sind sofort spielbereit.

Ein hölzerner Außenplatz für den Wintergebrauch ist eine recht kostspielige Arbeit, da ein solides Fundament aus Bruchsteinen und kleinen Kieselsteinen hergestellt und mit einer Betonschicht abgerundet werden muss. Darauf wird dann der Holzboden verlegt. Die Holzplätze werden derzeit für den Außenbereich weiterentwickelt und es ist immer noch umstritten, wie sie am besten gebaut werden können. Eine Möglichkeit besteht darin, hochkant aufgestellte Holzklötze oder -quadrate zu verwenden, sodass die Maserung des Holzes nach oben und unten verläuft. Gehwege aus Holz werden seit langem auf diese Weise hergestellt und halten starkem Verkehr und ständiger Nutzung stand. Es besteht dann keine Gefahr durch Splitter und sie sind sehr langlebig. Die Blöcke werden dicht aneinander gesetzt und die Oberfläche mit einem Bodenschaber geglättet. Sollte der Platz stellenweise abgenutzt sein, kann die Oberfläche mit einem modernen Bodenschaber ohne großen Aufwand abgekratzt werden. Allerdings muss die Holzoberfläche auf einem festen Untergrund verlegt werden, dem der Frost nichts anhaben kann, sonst werden die Holzklötze aus der Reihe geschleudert. Außerdem muss die Oberfläche über das umliegende Land erhöht sein, damit sich kein Wasser auf den Spielfeldern absetzen kann. Holztennisplätze werden bei Vereinen zweifellos immer beliebter, da die Nachfrage nach Spielen im Winter im Freien steigt. Je nach Erfahrung werden dann nach und nach Verbesserungen vorgenommen.

Bau von Sandplätzen

EIN RICHTIG gebauter Sandplatz ist in der Regel teurer als ein Rasenplatz, da der Boden bis zu einer Tiefe von 20 bis 20 cm ausgehoben werden muss, damit ein Fundament aus Steinen, Asche oder Kies hergestellt werden kann. Das Problem der Entwässerung ist eines der wichtigsten Probleme bei der Anlage von Sandplätzen, und wenn man es außer Acht lässt, wird der vielversprechendste Platz bald zu einem Sammelbecken für Schwimmbecken. Mit der Zeit setzen sich einige Stellen ab und es sind ständige Reparaturen erforderlich, um ihn in einem beliebigen Zustand zu halten. Während es einen guten Ingenieur braucht, um einen Sandplatz zu bauen, der für professionelles Spielen geeignet ist, kann ein Anfänger Arbeiten ausführen, die für alle normalen Zwecke geeignet sind. Da die Kosten für den Bau größtenteils auf den Arbeitsaufwand zurückzuführen sind, können sie durch die Zusammenarbeit mehrerer Familienmitglieder beim Aushub und Transport von Material zur Baustelle zu einem Drittel der Gesamtkosten erzielt werden.

Um einen guten Sandplatz zu bauen, muss zunächst die Oberfläche mindestens 30 cm tief abgegraben und mit einer Wasserwaage grob geebnet werden. Die Kosten für diesen Aushub in normaler Erde betragen nicht mehr als zehn bis fünfzehn Dollar, aber wenn Steine weggesprengt werden müssen, können die Kosten fünf- oder sechsmal so hoch sein.

Nach dem Nivellieren des Fundaments sollte eine 15 cm dicke Schicht Fallgestein, wie es bei der Makadamisierung von Straßen verwendet wird, oder gebrochene Steine in der Größe von einer Walnuss bis zu einem Ei in den Aushub gelegt werden. Auch dieser muss eingeebnet werden, um die Note zu halten. Ein unebener Tennisplatz wird niemals befriedigend sein. Bevor die nächste Kiesschicht auf den Fallstein gelegt wird, muss für eine Entwässerung gesorgt werden. Es gibt verschiedene Methoden zur Entwässerung eines Hofes, die stark von der Beschaffenheit des Bodens und den Vorlieben der Eigentümer abhängen.

Bei normalem Boden besteht eine gute Methode darin, das Abflussrohr in der Nähe des Netzes und im rechten Winkel zu den Feldern zu verlegen und diese in zwei Hälften zu teilen. Das Abflussrohr kann aus halbierten Terrakotta-Abwasserrohren oder Terrakotta-Rinnen bestehen, wie sie auf Ziegeldächern verwendet werden. Sie werden parallel zum Netz verlegt und mit losen Steinen gefüllt. Die Abflüsse sind ausreichend geneigt, um das Wasser seitlich oder zu einem Auffangbehälter in der Mitte abzuleiten. Manchmal wird ein Fass in der Mitte versenkt und mit Steinen gefüllt, in das die Abflussrohre münden.

Eine andere gängige Methode besteht darin, die Gerichte am Ende zu entleeren. In diesem Fall ist der Rand des Netzes fünf Zentimeter höher als an den Enden, und auf porösem Boden reicht dies aus, um das Wasser abzuleiten. Wenn das Abflussrohr in der Nähe des Netzes platziert wird, sollte die Neigung von den Enden zur Mitte hin 2,5 bis 5 cm betragen.

Bei sehr dicken Lehm- und Tonböden haben wir schwierigere Entwässerungsprobleme. Hier ist eine aufwändigere künstliche Entwässerung erforderlich, da die Plätze sonst nach Regenfällen tagelang schlammig und klebrig sind. Abflussrohre müssen an verschiedenen Stellen unter den Spielfeldern verlegt und zu einem bestimmten Punkt hin geneigt werden. Die offenen Abflussrohre werden vor dem Einbringen des Fangsteins verlegt und mit Bruchsteinen gefüllt, damit sie nicht durch Schmutz verstopfen. Zwei oder drei dieser offenen Rohrlinien sollten auf beiden Seiten des Netzes platziert werden. Sie sollten von den Enden der Felder zum Netz verlaufen und in die unter dem Netz angebrachte Rinne abfließen. Die Anzahl dieser Abflussrohre hängt von der klebrigen Beschaffenheit des Bodens ab. Vier parallele Reihen davon auf beiden Seiten des Netzes sollten für die ärmste Bodenart ausreichen.

Wenn die Abflussrohre verlegt sind und die Plätze ordnungsgemäß mit dem Felsfundament nivelliert sind, sollte eine 7,6 cm dicke Schicht aus grobem Kies oder feinem Schotter auf der Oberfläche verteilt werden. Dies muss zerstampft und gehämmert und gewässert werden. Das Wasser neigt dazu, schwache Stellen zu zeigen, an denen es zu Ablagerungen kommen kann, und die so entstandenen Vertiefungen müssen mit frischem Material aufgefüllt werden. Wenn diese Schicht aus grobem Kies eingeebnet, gestampft und abgesetzt wurde, sollte die oberste Schicht aus sandigem Lehm und Ton aufgetragen werden. Diese Deckschicht sollte mindestens drei Zoll dick sein, besser sind vier oder fünf Zoll. Für die Topdüngung müssen sandiger Ton und Lehm gemischt werden, das jeweilige Verhältnis hängt jedoch von der Beschaffenheit des Tons ab. Wenn der Ton sehr klebrig ist, ist mehr Sand erforderlich. Es muss ausreichend porös sein, damit das Wasser leicht durchdringen kann, darf aber nicht so porös sein, dass die Oberfläche zu weich wird. Wenn nicht genügend Sand vorhanden ist, wird die Oberfläche nach einem Regenschauer klebrig. Für gewöhnliche Zwecke ergeben ein Teil feiner Sand und vier Teile Ton eine ideale Endoberfläche, manchmal müssen aber auch eineinhalb Teile Sand verwendet werden.

Wenn die Endoberfläche verlegt ist, sollte sie wiederholt geebnet und angerollt werden. Bewässerung ist ebenfalls wichtig, aber ein guter Regen kann Wunder bewirken, um die Oberfläche zu beruhigen. Es entstehen dann Verwerfungen und Vertiefungen, die durch Auffüllen mit neuem Material korrigiert werden können. Wenn sich herausstellt, dass die Oberfläche zu klebrig ist, geben Sie etwas mehr Sand auf die Oberfläche und rollen Sie ihn

ab. Es kann mehrere Wochen dauern, bis die Oberfläche des Spielfelds
regenfest ist.

BAU VON GRASPLÄTZEN

FÜR Garten- und Heimzwecke, wo nur die Mitglieder des Haushalts und deren Freunde Tennis spielen, ist der Rasenplatz natürlich der kunstvollste und schönste. Der Sand- oder Sandplatz eignet sich besser für Vereine, bei denen die Gefahr besteht, dass der Rasen durch ständige Nutzung abgenutzt wird. Wenn das Grün groß genug ist, um den Platz häufig zu verschieben, sodass die Abnutzung nicht an bestimmten Stellen auftritt, kann der Rasenplatz für Clubs und Parks alle Zwecke erfüllen.

Wenn die natürliche Grasnarbe des für einen Rasenplatz ausgewählten Geländes üppig ist und der Boden ein schnelles Wachstum begünstigt, können die Baukosten sehr gering sein. Wenn die natürliche Grasnarbe dürftig und der Boden dünn ist, muss man gute Erde importieren und reiche Grasnarbe von einem Bauernhof oder einer Wiese kaufen. Wenn das Gras sehr lückenhaft, der Boden aber reichhaltig ist, kann es letzten Endes zufriedenstellend und auf jeden Fall günstiger sein, die gesamte Grasnarbe zu entfernen und im Spätsommer bis zum Gras zu säen und dies zu Beginn des Frühlings zu wiederholen. Es wäre jedoch kaum ratsam, den Platz im ersten Jahr häufig zu nutzen, da das junge Gras schnell abgetragen werden würde, wenn kein fester Rasen angelegt würde.

Bei warmem Wetter lässt es sich am besten auf einem Rasenplatz spielen. Das Grün des Rasens ist angenehm und erholsam für die Augen, und der weiche Rasen ist kühl und weich für die Füße. Der süße Duft des grünen Grases trägt zum Vergnügen des Zeitvertreibs bei und die erholsamen Hänge und Terrassen laden dazu ein, nach oder vor einem Spiel auf der Grünfläche zu faulenzen. Sandplätze, Beton- und Asphaltplätze und sogar Holzplätze mögen für Enthusiasten attraktiv sein, die nur das schnellste Spiel spielen wollen, aber ihr grelles Weiß und ihre harte, unnachgiebige Oberfläche bereiten nicht das Vergnügen, das Rasenplätze bieten. Aus diesen Gründen sollten die Rasenplätze immer für den Sommer- oder Landplatz ausgewählt werden und sie sollten im Hinblick auf ihre Harmonie mit der umgebenden Landschaft und Architektur des Wohnsitzes gebaut und entwickelt werden.

Rasenplätze sind sicherlich attraktivere Elemente der häuslichen Umgebung, aber für wirklich ernsthaftes Spielen benötigen sie ständige Pflege

Der Bau eines Rasenplatzes ist weniger schwierig als der eines Sandplatzes, aber wenn der Boden sehr dick und schwer ist, muss eine Art Fundament bereitgestellt werden, um den Untergrund zu entwässern. Auf sehr ungünstigen Böden werden manchmal vor dem Rasenaustausch Fliesenabläufe verlegt. Manchmal wird auf eine sechs Zoll große Steinschicht unter der Grasnarbe zurückgegriffen; Für den Rasenplatz ist jedoch in der Regel keine solche Vorkehrung zur unterirdischen Entwässerung erforderlich. Wenn eine Seiten- und Endentwässerung vorhanden ist und der Boden nicht zu schwer ist, sammelt sich kein Wasser und bleibt in großem Umfang auf dem Platz.

Der Bau eines Rasenplatzes ist einfach, wenn kein Versuch unternommen wird, ihn zu entwässern. Zunächst gilt es, die Grasnarbe möglichst vorsichtig anzuheben und zur späteren Verwendung beiseite zu legen. Die Grasnarbe sollte so tief wie möglich bis zu einer Tiefe von 15 cm abgesägt und in Quadraten von 15 bis 18 Zoll angehoben werden. Stapeln Sie die Grasnarbe sorgfältig auf einer Seite auf und halten Sie sie feucht und teilweise vor der heißen Sonne geschützt. Wenn die Grasnarbe vollständig entfernt ist, heben Sie den Boden bis zu einer Tiefe von 18 Zoll auf und entfernen Sie alle Steine, Wurzeln und Hindernisse. Vorsichtig überharken und auf eine ebene Fläche ausrollen, dabei häufig gießen und alle Vertiefungen auffüllen. Wenn ein perfektes Niveau erreicht ist, ersetzen Sie die Grasnarben.

Diese müssen sorgfältig abgelegt werden, damit die Kanten eng anliegen. Offene Risse und Nähte müssen mit kleineren Grasnarbenstücken aufgefüllt werden. Rollen, wässern und glätten Sie die Oberfläche, bis alles zufriedenstellend ist. Möglicherweise müssen frische Grasnarben geschnitten und überall dort platziert werden, wo in der ersten Saison dünne Stellen auftreten. Im Frühjahr des Jahres können frische Grassamen ausgesät werden.

Wenn der Rasen oder das Gras schlecht ist, ist es besser, ganz auf die Rasenbegrünung zu verzichten und die Oberfläche mit Saatgut zu besäen. In einem solchen Fall ist es besser, den Rasenplatz im Herbst des Jahres einzurichten . Die Winterstürme werden es gründlich beruhigen und Schwachstellen aufdecken. Mitte März die Fläche aufharken, ebnen, aussäen und vorsichtig anwalzen. Es sollte zweimal aus unterschiedlichen Richtungen gesät werden, damit ein gleichmäßiger Fang erzielt wird. Die Aussaat kann im Herbst oder Frühjahr erfolgen. Für den großen Platz werden etwa fünf Scheffel Grassamen benötigt. Verwenden Sie bei der Aussaat weder Kleesamen noch Guano als Düngemittel. Wenn das Gras hoch genug ist, um es zu schneiden, verwenden Sie zuerst die Sense oder Sichel und bewahren Sie den Rasenmäher für späteres Schneiden auf. Entfernen Sie Unkraut so schnell wie es erscheint, entwurzeln Sie es oder streuen Sie, wenn die Wurzeln bestehen bleiben, Salz darüber. Wenn das Gras hoch genug ist, um es regelmäßig zu schneiden, verwenden Sie den Mäher mindestens einmal pro Woche, bei nassem Wetter auch häufiger.

An vielen Orten sind Würmer sehr zahlreich und zerstören Tennisplätze. Indem sie bis zur Oberfläche vordringen, bilden sie kleine Hügel und Löcher, durch die Wasser durchsickern und Vertiefungen entstehen kann. In Regionen, in denen Würmer eine große Plage darstellen, wird eine Schicht fein gesiebter Schlacke auf das Steinfundament des Sandplatzes oder auf den Boden der Aushöhlung eines Rasenplatzes gelegt. Diese Asche hält die Würmer davon ab, sich zu vermehren. Wenn sie jedoch auf dem Rasenplatz platziert wird, muss die Ascheschicht mindestens 30 cm tief unter der Oberfläche liegen, damit sie die Graswurzeln nicht beeinträchtigt.

Man sollte bedenken, dass Rasenplätze schneller verschleißen und mehr Pflege erfordern als Sandplätze, insbesondere wenn sie ständiger Nutzung ausgesetzt sind.

Wie man leicht erkennen kann, variieren die Kosten für den Bau von Tennisplätzen erheblich. Manchmal werden bis zu 200 und 300 US-Dollar für den Bau von Tennisplätzen bezahlt, andere kosten jedoch nicht mehr als 25 US-Dollar, wenn die Bedingungen günstig sind und man bereit ist, einen Teil der Arbeit zu übernehmen. Am schwierigsten zu bauen sind Sandplätze, die auf felsigen Fundamenten verlegt werden und dort gesprengt werden müssen. Annähernd ebene Rasenplätze können manchmal dadurch hergestellt werden, dass nur ein Teil der Grasnarbe entfernt und nach dem

Ausheben eines Teils des Untergrunds wieder ersetzt wird. Dies kann nur ein
paar Dollar kosten.

GRÖSSEN UND MARKIERUNG

DIE Spielfläche eines Tennisplatzes beträgt für Einzel 27 × 78 Fuß und für Doppel 36 × 78 Fuß; Da ein Doppelfeld jedoch alle Linien für Einzelplätze enthält, ist es üblich, am Anfang Doppelplätze zu markieren. Hinter der Außenlinie muss ein Abstand von 15 bis 20 Fuß zu den Stoppnetzen vorhanden sein, und an den Seiten sollte mindestens 6 Fuß, vorzugsweise 10 oder 12 Fuß, über die Linie des Doppelplatzes hinaus sein. Dies ermöglicht freien Zugang zu den Spielfeldern auf beiden Seiten des Netzes und bietet den Spielern auch Platz beim Volleyspiel. Aus diesem Grund wird für einen guten Tennisplatz allgemein eine Fläche von 60 × 120 als notwendig erachtet.

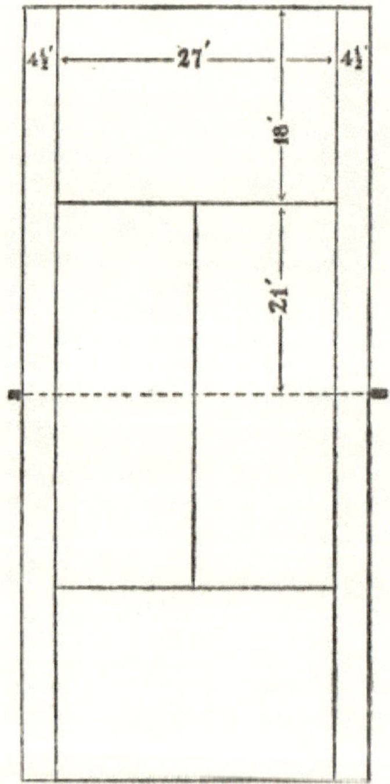

Angegeben sind die Standardabmessungen für einen Doppelplatz. Eine praktische Methode zur Darstellung dieser Abmessungen finden Sie im Begleittext

Die Kennzeichnung eines Gerichts muss exakt sein. Bestimmen Sie zunächst die Position Ihres Netzes in der Mitte des Geländes und legen Sie dann den

Einzelplatz aus. Stecken Sie zwei Pflöcke vorübergehend im Abstand von 27 Fuß in den Boden und zeichnen Sie dort eine Linie, die das Netz darstellt. Messen Sie dann zwei Schnurlängen ab – eine 39 Fuß lang und die andere 47 Fuß 5 Zoll. Mit diesen beiden Längen können Sie Ihre Courts genau richtig gestalten.

Legen Sie das kürzere Stück Schnur ungefähr im rechten Winkel zu einem der Netzpflöcke auf den Boden. Beginnen Sie dann mit der längeren Saite am gegenüberliegenden Stift und führen Sie sie diagonal durch, bis sie das Ende der 39 Fuß langen Saite erreicht. An diesem Punkt einen Eckstift eintreiben. Sie haben ein rechtwinkliges Dreieck, das absolut exakt ist. Wiederholen Sie diesen Vorgang, um die andere Ecke zu erhalten, und erhalten Sie dann auf ähnliche Weise die Ecken für die andere Seite des Netzes. Wenn die Eckpflöcke angebracht sind, messen Sie dann vom Netzpflock aus 21 Fuß auf der 39-Fuß-Linie ab. Dieser Punkt markiert das Ende der Aufschlaglinie, und eine darüber gezogene gerade Linie schneidet in der Mitte die diagonalen Linien.

Für einen guten Tennisplatz wird üblicherweise eine Fläche von 60 x 120 Fuß als notwendig erachtet, und gelegentlich ist es erforderlich, diesen Bereich mit einer niedrigen Stützmauer aus Mauerwerk zu umgeben

Für die Doppelplätze verlängern Sie die Netzlinie um 4 Fuß 6 Zoll und verbinden sie mit den Punkten am Ende, um Gassen zu bilden. Die Doppelplätze sind dann bis auf die Mittellinie fertig. Dies wird erreicht, indem man die Mitte der Anschlussleitungen abmisst und sie mit einer geraden Linie durch die Mitte verbindet.

Da das Abmessen außerhalb der Spielfelder recht aufwändig ist, ist es unbedingt erforderlich, die Eckpunkte dauerhaft festzulegen. Kleine Pfähle oder Pflöcke sollten an den Ecken tief genug in den Boden getrieben werden, damit die Spieler nicht darüber stolpern. Fast jeder heftige Regensturm spült die Leitungen weg, so dass eine Bemerkung erforderlich ist. Auf Sandplätzen wird manchmal weiße Farbe zum Markieren verwendet, da diese länger hält als Tünche, aber im besten Fall müssen die Markierungen recht häufig erfolgen. Aufgrund der Verletzung der Rasenwurzeln ist Farbe für Rasenplätze nicht geeignet. Manchmal wird tragbares weißes Markierungsband verwendet. Dieses wird durch Heftklammern und Doppelstecknadeln festgehalten, es besteht jedoch immer die Gefahr, dass das Band einen Player zum Stolpern bringt.

Es wurden Markierungen entwickelt, um die Markierung von Tennisplätzen zu erleichtern. Diese bestehen größtenteils aus einem auf Rädern stehenden Eisen- oder Blechbehälter mit einem Markierungsrad davor, auf das der Inhalt kontinuierlich gesprüht wird. Für diese Marker können Marmorstaub oder gelöschter Kalk verwendet werden. Sie ergeben eine gleichmäßige Breite und man kann die Linien so schnell markieren, wie man gehen kann. Selbstgemachte Marker können hergestellt werden, indem man eine Blechdose umdreht und den Mund bis auf ein kleines Loch verschließt, durch das die Flüssigkeit fließen kann. Ein gewöhnliches Rad mit einem flachen, 2,5 cm breiten Rand dreht sich vor der Öffnung der Dose, damit es die herabtropfende Flüssigkeit auffängt. Auf einer Achse mit Griffen montiert, wird dieses Gerät vor den Bediener geschoben.

Auf einem Rasenplatz ist keine dieser Markierungsmethoden mit dem Rasen selbst vergleichbar. Wenn der Samen auf dem Platz gesät wird, pflanzen Sie den Samen des Schopf- Hirschschwanzgrases frei in einem Teil des Gartens ein . Dieses Gras ist gelbgrün bis weiß und dient, wenn es sehr dicht gesät wird, zur Markierung der Spielfelder. Wenn das Gras auf dem Platz hoch genug zum Schneiden ist, verpflanzen Sie das Schopfhundschwanzgras an den markierten Linien.

Markieren Sie die Felder genau mit Klebeband oder Schnur und schneiden Sie dann auf einer Seite davon einen zweieinhalb Zoll breiten Streifen Grasnarbe aus. Dieser Streifen wird dann mit den Grasnarben des zu diesem Zweck im Garten angebauten Hundsschwanzgrases aufgefüllt . Die Grasnarbe sollte fest angeklopft und ein paar Samen des Hundsschwanzgrases eingesät werden. Auf diese Weise sind die Spielfelder dauerhaft mit Rasen markiert und der farbliche Kontrast ist für alle Spielzwecke ausreichend. Der Effekt ist natürlich sehr beeindruckend und geht weit über die Wirkung hinaus, die nach jedem Regenschauer neu getüncht werden muss.

Das Hundsschwanzgras wächst sehr robust und breitet sich, wenn es nicht bekämpft wird, bis in den Hof aus. Dies kann jedoch durch gelegentliches

Jäten verhindert werden. Es muss in seinem schmalen Streifen gehalten werden, auch wenn zeitweise Wurzeln herausgezogen werden müssen. Wenn die ausladenden Wurzeln das grüne Gras verdrängen, kann dieses erneuert werden, indem man an einer anderen Stelle des Gartens etwas Rasen anpflanzt.

Rücklaufsperren und Netze

Auf den Tennisplätzen können verschiedenste Rücklaufsperren angebracht werden, deren dekorative Wirkung bei der Gestaltung des Geländes stets berücksichtigt werden sollte . Die Rücklaufnetze sollten mindestens 15 Fuß hinter der Spielfeldlinie liegen, bei Turnieren gelten jedoch 21 Fuß als Standardabstand. Viele erfahrene Spieler weigern sich, an Turnieren teilzunehmen, bei denen die vorgeschriebenen Abstände nicht eingehalten werden. Die Drahtfangnetze sollten nicht weniger als 10 Fuß hoch sein, wobei 15 Fuß als die am besten geeignete Höhe angesehen wird.

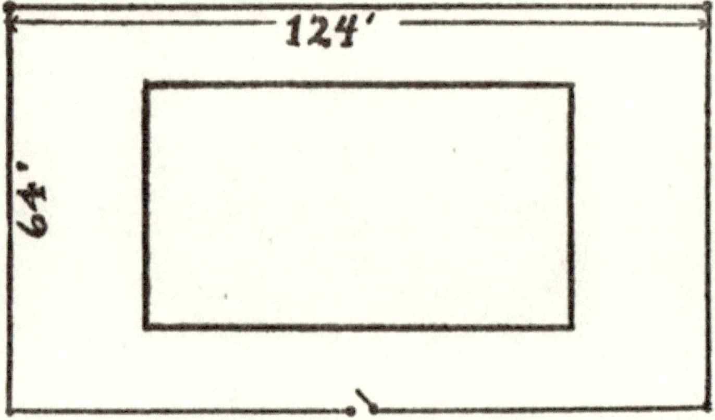

Wenn das Spielfeld vollständig von Fangnetzen umschlossen ist, können die Gesamtabmessungen durchaus den angegebenen entsprechen, sie sollten jedoch nicht kleiner als 60 × 120 Fuß sein.

Während die übliche Rücklaufsperre aus hohlen Eisenpfosten besteht, die in Abständen von 10 bis 15 Fuß in den Boden eingelassen sind und zwischen denen Hühner- oder Zaundraht gespannt ist, ist es heutzutage nicht ungewöhnlich, aufwändigere Dinge von echtem architektonischen Wert zu harmonisieren mit der Residenz und anderen Gebäuden. Dabei kommen Pergola-Effekte zum Einsatz. Die Pfosten aus Massivholz werden im Boden versenkt und dann mit Drahtgeflecht umwickelt, um den Stuck zu halten. Letzteres wird wie gewohnt aufgetragen und in den Farben Weiß, Cremeweiß oder Grau veredelt. Das Drahtnetz muss vor dem Auftragen des Stucks von Pfosten zu Pfosten gespannt werden. Holzbalken verbinden die Spitzen der Stucksäulen, und eine Fußleiste, manchmal mit einem Geländer, verbindet die Pfosten von Sockel zu Sockel. Der eher aufwändige Charakter solcher

Tennis-Rücklaufsperren kann von einem Anfänger nicht immer verstanden werden, obwohl ein guter Schreiner oder Maurer die Arbeit erledigen kann, wenn die Pläne im Voraus sorgfältig skizziert werden.

Die einfachste Form der Rücklaufsperre ist der Rahmen aus Eisenrohrformen, die jetzt speziell für diesen Zweck hergestellt werden und mit gewöhnlichem Drahtgeflecht bedeckt sind

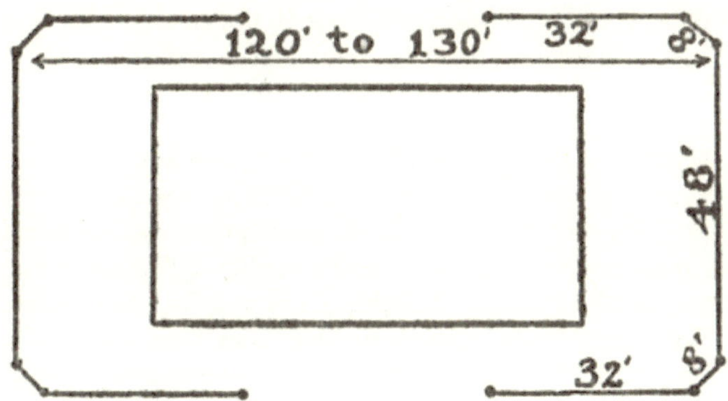

Eine Einsparung von Fangnetzen erfolgt häufig durch das Freilassen von seitlichen Freiflächen

Die schlichte Rückwand aus Drahtnetz und Eisenpfosten trägt nicht zur Schönheit des Rasens bei, und daher wurden viele Experimente unternommen, um ihr hässliches Aussehen so weit wie möglich zu

beseitigen. Das Ganze in Grasgrün zu streichen , um es so unauffällig wie
möglich zu machen, ist eine Möglichkeit, teilweise die gewünschten
Ergebnisse zu erzielen. Eine andere einfache und zufriedenstellendere
Methode, die schlichten Rücklaufsperren zu verbergen, besteht darin, die
Dinge zu nutzen, die uns die Natur so großzügig zur Verfügung stellt. Diese
können in unserem Garten wachsen oder auf Feldern und Wäldern wuchern,
über Hecken und Zäune klettern und bis in die Baumkronen reichen.

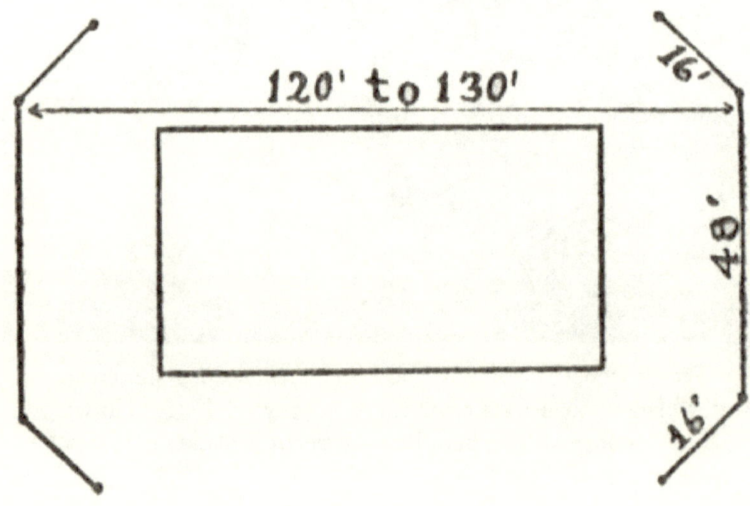

Hier wird die wirtschaftlichste Form eines Stoppnetzes gezeigt, obwohl es
natürlich nicht alle verirrten Bälle aufhält

Beispielsweise kann das an beiden Enden hinter den Spielfeldern errichtete
Drahtnetz durch die Anpflanzung von Weinreben in Sichtschutzwände aus
lebendigem Grün umgewandelt werden, oder, wenn man möchte, kann es
mit Kletterrosen bedeckt werden, um einen herrlichen Farbeffekt zu erzielen.
Noch besser als mit einem gewöhnlichen Drahtnetz lässt sich ein kunstvoller
Schirm aus Gitterwerk oder Spalier errichten. Dieser kann auf der Rückseite
mit fast allen Kletterpflanzen bewachsen werden. Hierfür eignen sich Rosen,
Geißblatt, Clematis, Trompetenpflanze oder Mondblume. Mit ein wenig
Beschneiden und Training kann der Sichtschutz innerhalb von ein oder zwei
Saisons in eine wunderschöne Gartendekoration umgewandelt werden.

Ein Rasentennisplatz mit hinteren Netzen, die verhindern, dass die Bälle zu
weit fliegen, und bedeckt mit Kletterpflanzen oder Blumen trägt so viel zum
Erscheinungsbild eines Gartens bei, dass weitere Verbesserungen mit
Sicherheit folgen werden. Auf der Westseite sollte eine Reihe rustikaler

Bänke für die Zuschauer angeordnet werden, damit diese das Nachmittagsspiel verfolgen können, ohne die Sonne in den Augen zu haben. Wenn das Gelände hügelig und hügelig ist, sollten die Bänke auf einer seitlichen Terrasse aufgestellt werden.

Ein Teehaus mit passendem Charakter ist eine tolle Ergänzung zu einem Tennisplatz. Dabei handelt es sich möglicherweise um nichts weiter als eine rustikale Decke zum Schutz der Köpfe der Zuschauer, mit Sitzgelegenheiten und einem rustikalen Tisch zum Servieren des Tees. Wenn es auf einer Terrasse an der Westseite des Spielfelds errichtet wird, können Besucher das Spiel unter den bequemsten Bedingungen verfolgen.

Heutzutage gibt es Netze in einer großen Vielfalt, von einfachem, maschinell hergestelltem Bindfaden bis hin zu handgefertigten, doppelt gestrickten Baumwollnetzen, die oben und unten mit Segeltuch umwickelt und an den Ecken und in der Mitte verstärkt sind. Ein starkes, langlebiges Netz ist am Ende am günstigsten und es treten weniger Probleme durch Schrumpfen und Dehnen auf. Bei Einzelplätzen sind die Netze 27 Fuß lang und 3 Fuß hoch, bei Doppelplätzen sind sie zwischen 36 und 42 Fuß lang.

Die nützlichsten Pfosten zum Halten der Netze sind solche mit Ankerhülsen, die dauerhaft in den Boden gerammt werden. Diese spatenförmigen Eisenhülsen halten die Pfosten ohne Abspannseile fest in einer aufrechten Position. Wenn die Pfosten aus den Sockeln entfernt werden, wird ein Holzstopfen eingesetzt, um zu verhindern, dass sich Schmutz darin ansammelt. Darüber hinaus sind die Eisenpfosten mit Tennisnetzspulen ausgestattet, die das Netz je nach Bedarf straffen oder lockern. Die Rollen verriegeln sich automatisch, um das Netz fest in Position zu halten, und können durch Bewegen des Griffs sofort freigegeben werden.

Bei Bedarf können auch andere Arten von Tennispfosten verwendet werden, die von Abspannseilen und Heringen getragenen Holzstangen sind jedoch am wenigsten zufriedenstellend. Die Pflöcke ziehen ständig heraus und zerstören die Grasnarbe. Besser sind gerade Ankerpfosten aus Eisen. Sie werden in den Boden getrieben und mittels Dreiklauenkupplungen festgehalten. Anstelle der eisernen Mittelgabeln zum Halten der Netzmitte auf der vorgeschriebenen Höhe von einem Meter werden jetzt Mittelgurte aus Segeltuch bevorzugt. Die Leinenriemen scheuern nicht am Netz und können nicht dazu führen, dass der Ball abprallt und außerhalb des Spielfelds landet. Eine andere Methode, die manchmal verwendet wird, um die Oberlinie des Netzes gerade zu halten, ist die Verwendung von Oberschnüren aus verzinktem Stahlkabel. Diese Schnüre sind einen Viertelzoll dick, mit Metallschlaufen an den Enden und Manila-Seilenden zur Befestigung an den Pfosten. Sie verhindern, dass das Netz in der Mitte durchhängt. Auch mit Segeltuch umwickelte Netze sollen dafür sorgen, dass das Oberteil fest bleibt.

Es ist merkwürdig, dass nicht mehr Menschen die Rücklaufsperren zu einem echten architektonischen Merkmal machen als für diesen Hof auf dem Anwesen von Herrn Gage E. Tarbell, Nassau Boulevard, LI, Oswald C. Hering , Architekt

PFLEGE DER GERICHTE

EIN GUT gemachter Platz, egal ob aus Sand oder Rasen, ist eine Errungenschaft, auf die man stolz sein kann, und er wird mehr Freude bereiten als alles andere; Es ist jedoch wichtig, dass es jederzeit in erstklassigem Zustand gehalten wird. Ständige Wachsamkeit und Aufmerksamkeit sind der Preis, den wir für die ordnungsgemäße Pflege eines erstklassigen Tennisplatzes zahlen. Der Sandplatz verfällt ohne ordnungsgemäße Reparaturen genauso schnell wie eine Schotterstraße, und der Rasenplatz verliert seine Schönheit und Nützlichkeit viel schneller als ein grüner Rasen, wenn er nicht gepflegt wird. Ein wenig kluge Pflege, die man dem Gericht jede Woche schenkt, wird es vor dem völligen Ruin bewahren, der unweigerlich eintreten muss, wenn Schäden nicht sofort behoben werden.

Der Sand- oder Sandplatz muss etwa jeden zweiten Tag betreten werden, um die durch die Füße der Spieler entstandenen Vertiefungen auszufüllen und auszurollen. Auf Plätzen, auf denen nahezu ununterbrochen gespielt wird, besteht die Regel darin, Reparaturen jeden Tag oder nach jeweils zehn gespielten Sätzen durchzuführen. Der einfachste und effektivste Weg, einen Sandplatz instand zu halten, besteht darin, einen geraden Baumstamm oder ein dickes Stück Holz mit einer Länge von fünf bis acht Fuß zu nehmen und grobe Säcke oder Jutetücher daran festzunageln. Wenn die Kanten ausgefranst sind, umso besser. Befestigen Sie Seile an beiden Enden dieses Baumstamms und ziehen Sie ihn mehrmals über den Platz. Die ausgefransten Kanten des Tuchs glätten die Oberfläche und bearbeiten den Schmutz in Löchern oder Vertiefungen. Sollten noch harte Grate oder Klumpen vorhanden sein, müssen diese per Hand oder mit einer Hacke gelöst werden.

Nachdem die Schleppe die Oberfläche geglättet hat, sollte sie bei trockenem Wetter gewässert und anschließend gerollt werden. Ein guter Handroller ist für die Erhaltung des Platzes nahezu unerlässlich. Der Bediener sollte immer vor und nicht hinter der Walze gehen. Das Rollen sollte fortgesetzt werden, bis die Oberfläche völlig glatt ist. Nach dem Rollen sollte die nasse Oberfläche trocknen, bevor die Plätze erneut abgesteckt werden.

Die Pflege des Rasenplatzes muss stark von der Nutzungshäufigkeit und den Wetterverhältnissen abhängen. In sehr nassen Jahreszeiten ist der Rasen weich und schwammig und die Absätze der Spieler graben sich tiefer in den Rasen ein. Dadurch entstehen leichte Vertiefungen, die sich mit der Zeit verstärken und die Oberfläche ruinieren können, wenn nicht sofort dagegen vorgegangen wird. Andererseits wird das Gras bei sehr trockenem Wetter leichter gereinigt und abgetötet, und es muss häufig befeuchtet werden, um den Rasen in gutem Zustand zu halten.

Die Rasenplätze sollten nach dem Spiel immer nachts bewässert werden. Jeder Zeitpunkt nach dem letzten Spiel reicht aus, obwohl etwa Sonnenuntergang ein guter Zeitpunkt ist. Der Schnitt sollte früh am Morgen nach dem Gießen erfolgen und anschließend mit der Walze versehen werden. Dadurch ist der Platz zum Spielen in einem guten Zustand. Wenn das Gras morgens ohne vorheriges Gießen in der Nacht gemäht wird, kann es durch die heiße Sonne zu Schäden kommen, insbesondere wenn die schwere Walze eingesetzt wird. Die einfache Regel lautet: Nachts gießen, morgens schneiden und dann rollen.

Alle kahlen Grasstreifen sollten schnellstmöglich durch frische Grasnarbe ersetzt werden. Schneiden Sie die alte Grasnarbe gleichmäßig ab und legen Sie eine gute neue Grasnarbe so auf, dass die Kanten gut anliegen. Manchmal genügt die gelegentliche Aussaat neuer Samen, aber nicht an den Stellen, an denen die Füße der Spieler den größten Schaden anrichten. Wenn durch die Füße der Spieler bei nassem Wetter viele tiefe Vertiefungen entstanden sind, sollten diese mit mehr Erde aufgefüllt und frische Grasnarbe gepflanzt und fest gestampft werden.

An der Seite des Spielfelds besteht die Möglichkeit, einen Unterstand oder Sitzplätze für die Zuschauer einzurichten

Jedes Frühjahr braucht der Rasenplatz besondere Aufmerksamkeit. Im März oder Februar sollten alle umfangreichen Reparaturen am beschädigten Rasen durchgeführt werden. Überall dort, wo das Gras dürftig oder abgenutzt ist, sollte neue Grasnarbe ausgelegt werden, und wenn sie fest sitzt, neues

Saatgut ausgesät und eine gute Düngerdüngung bereitgestellt wird, sollte der Platz zum Zeitpunkt der Spielzeit in einem guten Zustand sein. Natürlich sollte im Herbst wie beim Rasen regelmäßig gedüngt und im Frühjahr geharkt und die Oberfläche gewalzt werden. Vor dem Walzen sollte das Gras jedoch gekehrt werden. Selbst im Sommer ist Kehren viel besser als Harken, da die Zinken des Rechens dazu geeignet sind, die Graswurzeln auszugraben.

Das Fegen eignet sich auch gut für Wurmwürfe, die viele Plätze verderben. Der Besen zerstreut die durch die Würmer entstandenen kleinen Häufchen, anschließend glättet die Walze die Oberfläche so, dass keine Unebenheiten erkennbar sind. Manche streuen Kalkwasser über die Stellen, an denen die Würmer zahlreich sind, und wenn sie dadurch windend an die Oberfläche gelangen, werden sie weggeschwemmt und vernichtet.

Es versteht sich von selbst, dass alle Tennisspieler verpflichtet sein sollten, Schuhe mit Gummisohlen und ohne Absatz zu tragen. Der Schaden am Platz durch Schuhe mit Absätzen ist bei weichem Rasen manchmal so groß, dass die Reparatur eine halbe Saison dauert. Wenn Tennisplätze Teil des allgemeinen Rasens sind, kann eine Pferdemaschine zum Schneiden des Grases verwendet werden. In solchen Fällen sollten die Hufe der Pferde gepolstert werden, um scharfe Abdrücke im Rasen zu vermeiden.

Wenn diese Anweisungen zur Erhaltung eines guten Zustands eines Tennisplatzes genau befolgt werden, gibt es keinen Grund, warum ein erstklassiger Platz nicht mit geringem Aufwand auf unbestimmte Zeit gewartet werden kann. Zusätzlich zu dieser Pflege kann es sein, dass während der Vegetationsperiode ein wenig Arbeit bei der Unkrautvernichtung erforderlich ist. Schädliche Unkräuter dürfen sich niemals ausbreiten und Fuß fassen, sonst verdrängen sie das feinere Gras und töten es ab. Sie müssen so schnell wie sie erscheinen an den Wurzeln herausgerissen oder ausgegraben werden und dürfen niemals zur Samenbildung gelangen.